a mi mami y mi nani

nota del autor
author's note

¡Hola a todos! Muchas gracias por comprar mi libro. "Café con leche" es un proyecto mío apasionante. Quería poner muchas palabras que me dijeron en un hogar cubano y colombiano, pero también quería que todos los que no son colombianos y cubanos comprendieran y se rieran de las cosas ridículas que nos dijeron nuestros padres. Tampoco trato de decir que cada padre y madre cubano y colombiano diga estas frases, son sólo cosas que me dijeron cuando era niño y quería compartir con el mundo mi nostalgia. Por favor, siéntese, relájese, consiga una croqueta de jamón, un pastel de guayaba, y un poco de café con leche, y disfrute de mi libro.

//

Hi, everyone! Thank you so much for buying my book. 'Café con Leche' is a passion project of mine. I wanted to put a lot of sayings that were said to me in a Cuban and Colombian household, but I also wanted everyone else who isn't Colombian and Cuban to understand and laugh along at the ridiculous things our parents said to us. I'm also not trying to say that every Cuban and Colombian parent say these phrases, these are just things that were said to me as a kid and I wanted to share my nostalgia with the world. Please, sit back, relax, get a croqueta de jamón, un pastel de guayaba, y un poco de café con leche, and enjoy my book.

¡levántate que hay que limpiar!

carlos alberto fariñas

¡te calmas o te calmo!

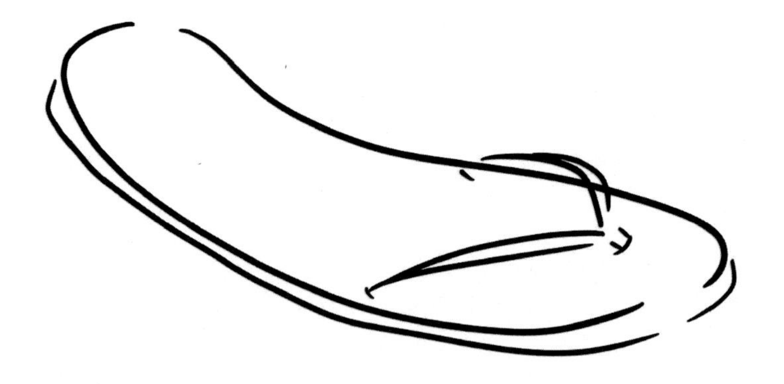

II

¡por tu vida,
ponte las chancletas!
¡que te vas a enfermar!

carlos alberto fariñas

¡qué barbaridad!

IV

¡oye ponte las pilas!

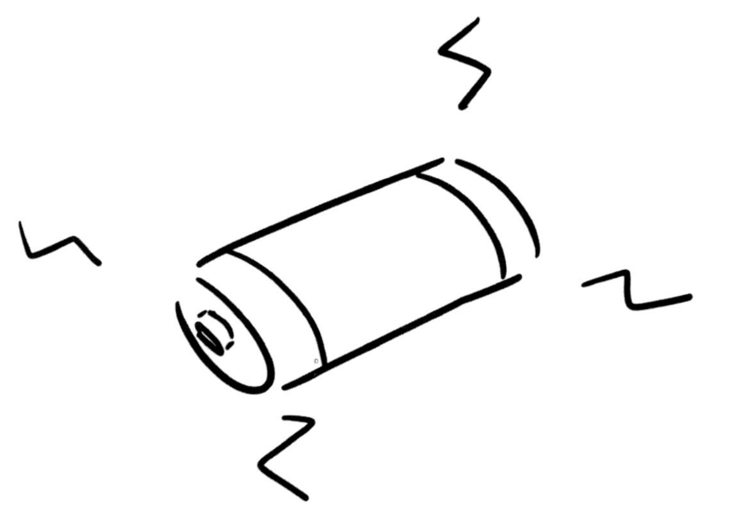

sí espera un momentico,
aquí te la paso.

¡habla con tu tía!

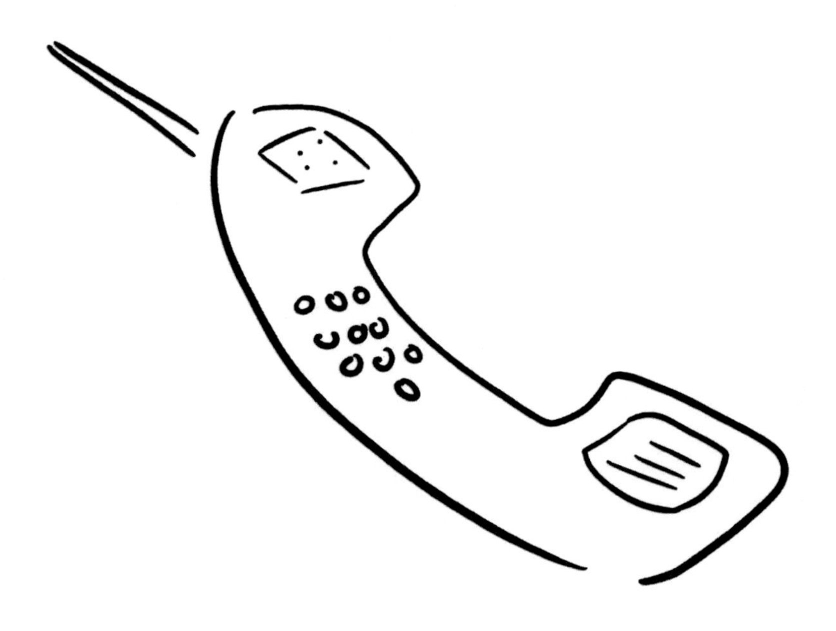

si no comes tus vegetales,
te vas a quedar enana
como tu mamá.

carlos alberto fariñas

¡esto no es ningún hotel!

VIII

¡cuántas veces te dije
que tienen que parar de
jugar de mano, cojones!

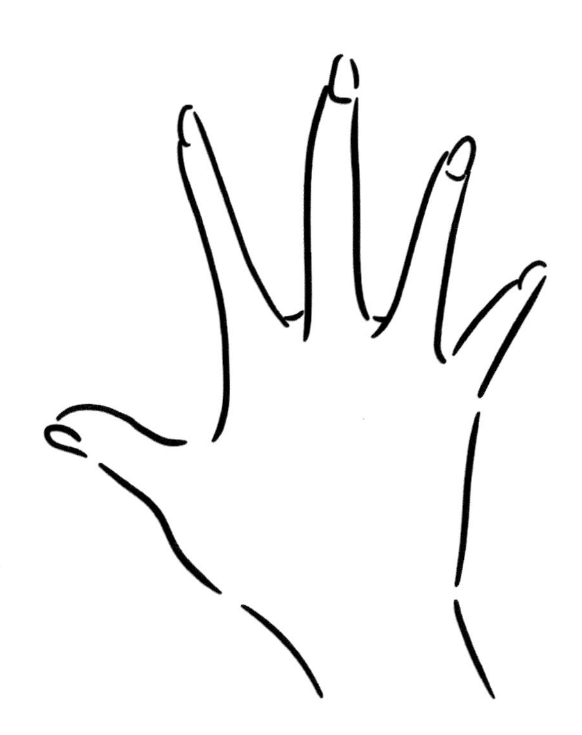

recuérdense, no sólo soy
su mamá, soy su amiga.

oye, no soy su amiga, soy su mamá

carlos alberto fariñas

¿quieres llorar con ganas?

XII

achú

¡por tu bien, ponte un poco
de vipaporú!

carlos alberto fariñas

¡su cristo, ponte un suéter, que vas a agarrar una pulmonía!

XIV

no sé por qué estos muchachos
nunca contestan el teléfono.

carlos alberto fariñas

¿pizza? eso no es comida.

XVI

oye, te estás poniendo flaca.

carlos alberto fariñas

oye, te estás poniendo gordo.

XVIII

el diablo sabe más por viejo
que por diablo.

carlos alberto fariñas

estoy vieja pero no soy pendeja.

ten cuidado cuando salgas...
que lo ví en las noticias.

carlos alberto fariñas

yo no te crié así, eso no te lo enseñé yo.

XXII

dime ahora que me amas,
porque cuando muera,
yo no podré escucharlo.

carlos alberto fariñas

en cuba, yo era doctor,
profesor, manejé helicóptero,
descubrí dinosaurios
y curé cáncer.

quiero macdonnas.

tenemos arroz con gris
y pollo en la casa.

carlos alberto fariñas

¡oye, para de correr en la casa, carajo!

XXVI

¡qué peste a culo hay aquí!

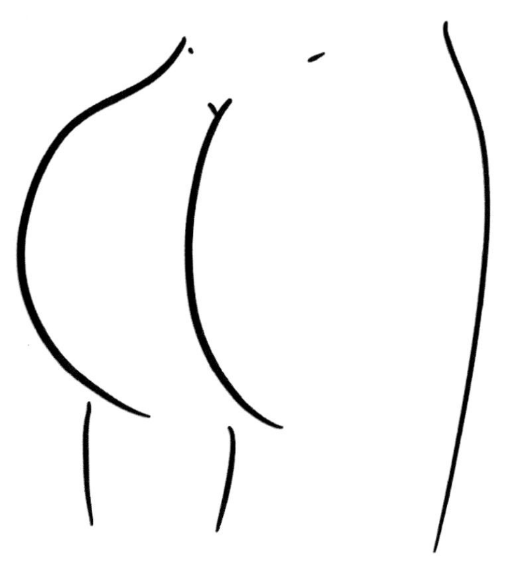

sana sana culito de rana
pasa por aquí mañana
y quítame el dolor que
tengo aquí.

¡apaga la música esa del tiki tiki!

no se puede comprar la
felicidad, pero sí se
puede comprar un
pastelito de guayaba.

¡mientras tú vivas en esta
casa tienes que hacer lo
que yo diga!

te vas a acordar de mí cuando
vivas solo y tengas hijos.

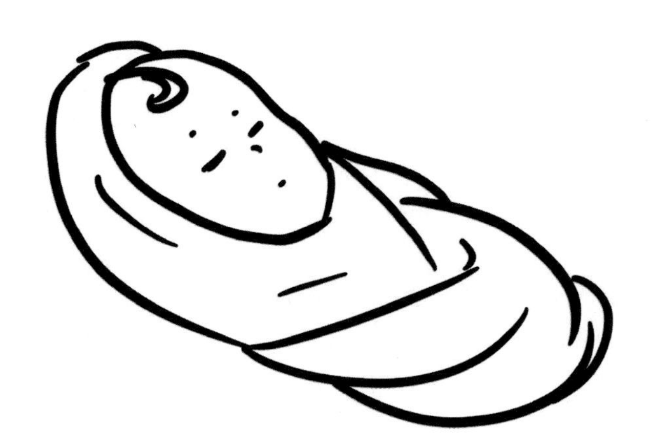

¡me cago en tu madre!

te voy a hacer cagar pelo
sin comer mango
si sigues jodiendo.

¿cómo que no se puede?
¡sí se puede!

carlos alberto fariñas

pregúntale a tu mamá.

pregúntale a tu papá.

carlos alberto fariñas

deja la puerta abierta
tú no pagas renta aquí.

XXXVIII

1. wake up, it's time to clean!

2. either you calm down, or I'll calm you down.

3. for goodness sake, put on your sandals! you'll get sick.

4. how awful.

5. hey, put on your batteries!

6. yes wait a moment, I'll pass her to you. talk to your aunt!

7. if you don't eat your vegetables, you'll stay short like your mom.

8. this is no hotel!

9. how many times do I have to tell you to stop horseplaying, goddamnit

10. remember I'm not only your mom, I'm your friend.

11. hey, I'm not your friend, I'm your mom!

12. do you want me to give you something to cry about?

13. *achoo* for your own sake put on some vicks vapor rub!

14. jesus christ! put on a sweater, you're going to catch pneumonia!

15. I don't know why these kids never pick up the phone.

16. pizza? that's not food!

17. hey, you're getting thin.

18. hey, you're getting chunkier.

19. the devil knows more for being old rather than for being the devil.

20. I may be old but I'm not stupid..

21. Be careful when you go out... I saw it on the news.

22. I didn't raise you like this. I didn't teach you that.

23. tell me now that you love me because when I'm dead I won't be able to hear you.

24. back in cuba I was a doctor, a professor, I piloted a helicopter, discovered dinosaurs and I cured cancer.

25. I want mcdonalds. we have rice with beans and chicken at home.

26. hey, stop running around in the house, goddamnit!

27. it smells like ass in here!

28. heal, heal, tail of a frog, come by tomorrow and remove this pain I have here.

29. turn off that racket!

30. you can't buy happiness, but you can buy a *pastelito de guayaba.*

31. while you live in this house, you have to do what I say!

32. you'll remember me when you live alone and have kids of your own

33. I shit on your mother!

34. I'll make you shit hair without eating mangos if you keep fucking around.

35. what do you mean it can't be done? of course it can!

36. ask your mom.

37. ask your dad.

38. leave the door open, you don't pay rent here.

Made in United States
Orlando, FL
19 December 2023